# Table of Contents

(put the name of your TAB here so you can easily find them later)

**Table of Contents**     **1**

**How to Read Tablature**     **4**

**Blank Tabs and Chord Charts**     **5-129**

Tab_____ 5

Tab_____ 6

Tab_____ 7

Tab_____ 8

Tab_____ 9

Tab_____ 10

Tab_____ 11

Tab_____ 12

Tab_____ 13

Tab_____ 14

Tab_____ 15

Tab_____ 16

Tab_____ 17

Tab_____ 18

Tab_____ 19

Tab_____ 20

Tab_____ 21

Tab_____ 22

Tab_____ 23

Tab_____ 24

Tab_____ 25

Tab_____ 26

Tab_____ 27

Tab_____ 28

Tab_____ 29

Tab_____ 30

Tab_____ 31

Tab_____ 32

Tab_____ 33

Tab_____ 34

Tab_____ 35

Tab_____ 36

Tab_____ 37

Tab_____ 38

Tab_____ 39

Tab_____ 40

Tab_____ 41

Tab_____ 42

Tab_____ 43

| | |
|---|---|
| Tab_____ | 44 |
| Tab_____ | 45 |
| Tab_____ | 46 |
| Tab_____ | 47 |
| Tab_____ | 48 |
| Tab_____ | 49 |
| Tab_____ | 50 |
| Tab_____ | 51 |
| Tab_____ | 52 |
| Tab_____ | 53 |
| Tab_____ | 54 |
| Tab_____ | 55 |
| Tab_____ | 56 |
| Tab_____ | 57 |
| Tab_____ | 58 |
| Tab_____ | 59 |
| Tab_____ | 60 |
| Tab_____ | 61 |
| Tab_____ | 62 |
| Tab_____ | 63 |
| Tab_____ | 64 |
| Tab_____ | 65 |
| Tab_____ | 66 |
| Tab_____ | 67 |
| Tab_____ | 68 |
| Tab_____ | 69 |
| Tab_____ | 70 |
| Tab_____ | 71 |
| Tab_____ | 72 |
| Tab_____ | 73 |
| Tab_____ | 74 |
| Tab_____ | 75 |
| Tab_____ | 76 |
| Tab_____ | 77 |
| Tab_____ | 78 |
| Tab_____ | 79 |
| Tab_____ | 80 |
| Tab_____ | 81 |
| Tab_____ | 82 |
| Tab_____ | 83 |
| Tab_____ | 84 |
| Tab_____ | 85 |
| Tab_____ | 86 |
| Tab_____ | 87 |
| Tab_____ | 88 |
| Tab_____ | 89 |

Tab_____ 90
Tab_____ 91
Tab_____ 92
Tab_____ 93
Tab_____ 94
Tab_____ 95
Tab_____ 96
Tab_____ 97
Tab_____ 98
Tab_____ 99
Tab_____ 100
Tab_____ 101
Tab_____ 102
Tab_____ 103
Tab_____ 104
Tab_____ 105
Tab_____ 106
Tab_____ 107
Tab_____ 108
Tab_____ 109
Tab_____ 110
Tab_____ 111
Tab_____ 112
Tab_____ 113
Tab_____ 114
Tab_____ 115
Tab_____ 116
Tab_____ 117
Tab_____ 118
Tab_____ 119
Tab_____ 120
Tab_____ 121
Tab_____ 122
Tab_____ 123
Tab_____ 124
Tab_____ 125
Tab_____ 126
Tab_____ 127
Tab_____ 128
Tab_____ 129

**The Fretboard in Sharps (#) and Flats (b)**          130

**Scales Charts**          131

**Chord Charts**          135

# How to read Tablature

Better known as TAB. Below is a short guide on how to read TAB.

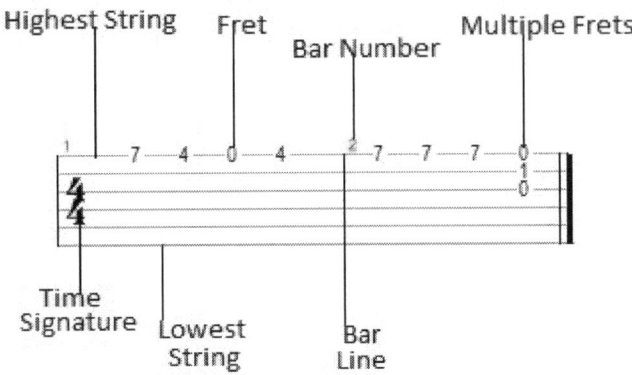

- The 6 horizontal lines in the diagram above represent the 6 strings of the guitar and the numbers represent the frets.
- The number 0 means to play the string without playing any fret play it 'open'.
- The **highest string** is the thinnest string on the guitar.
- The **lowest string** is the thickest string on the guitar.
- Look at the **Multiple Frets** marker. When numbers are stacked like this it means that you play them at the same time.

The following pages are a hundred pages of blank TAB manuscript for you! Happy tabbing and ENJOY!! :)

TAB Info:_____

TAB Info:_____

TAB Info:_____

TAB Info:_____

TAB Info:_____

TAB Info:_____

TAB Info:_____

TAB Info:_____

TAB Info:_____

TAB Info:_____

TAB Info:_____

TAB Info:_____

TAB Info:_____

TAB Info:_____

TAB Info:_____

TAB Info:_____

TAB Info:_____

TAB Info:_____

TAB Info:_____

TAB Info:_____

TAB Info:_____

TAB Info:_____

TAB Info:_____

TAB Info:_____

28

TAB Info:_____

TAB Info:_____

TAB Info:_____

TAB Info:_____

TAB Info:_____

TAB Info:_____

TAB Info:_____

TAB Info:_____

TAB Info:_____

TAB Info:_____

TAB Info:_____

TAB Info:_____

TAB Info:_____

TAB Info:_____

TAB Info:_____

TAB Info:_____

TAB Info:_____

TAB Info:_____

TAB Info:_____

TAB Info:_____

TAB Info:_____

TAB Info:_____

TAB Info:_____

TAB Info:_____

TAB Info:_____

53

TAB Info:_____

TAB Info:_____

TAB Info:_____

TAB Info:_____

TAB Info:_____

TAB Info:_____

TAB Info:_____

TAB Info:_____

TAB Info:_____

TAB Info:_____

TAB Info:_____

TAB Info:_____

TAB Info:_____

TAB Info:_____

TAB Info:_____

TAB Info:_____

TAB Info:_____

TAB Info:_____

TAB Info:_____

TAB Info:_____

TAB Info:_____

TAB Info:_____

TAB Info:_____

TAB Info:_____

TAB Info:_____

TAB Info:_____

TAB Info:_____

TAB Info:_____

TAB Info:_____

TAB Info:_____

TAB Info:_____

TAB Info:_____

TAB Info:_____

TAB Info:_____

TAB Info:_____

TAB Info:_____

TAB Info:_____

TAB Info:_____

TAB Info:_____

TAB Info:_____

TAB Info:_____

TAB Info:_____

TAB Info:_____

TAB Info:_____

TAB Info:_____

TAB Info:_____

TAB Info:_____

TAB Info:_____

TAB Info:_____

TAB Info:_____

TAB Info:_____

TAB Info:_____

TAB Info:_____

TAB Info:_____

TAB Info:_____

TAB Info:_____

TAB Info:_____

TAB Info:_____

TAB Info:_____

TAB Info:_____

TAB Info:_____

TAB Info:_____

TAB Info:_____

TAB Info:_____

TAB Info:_____

TAB Info:_____

TAB Info:_____

TAB Info:_____

TAB Info:_____

TAB Info:_____

TAB Info:_____

TAB Info:_____

TAB Info:_____

TAB Info:_____

TAB Info:_____

# The Fretboard in Sharps (#) and Flats (b)

**The Sharps**
E-F-F#-G-G#-A-A#-B-C-C#-D-D#-E

**The Flats**
E-Eb-D-Db-C-B-Bb-A-Ab-G-Gb-F-E

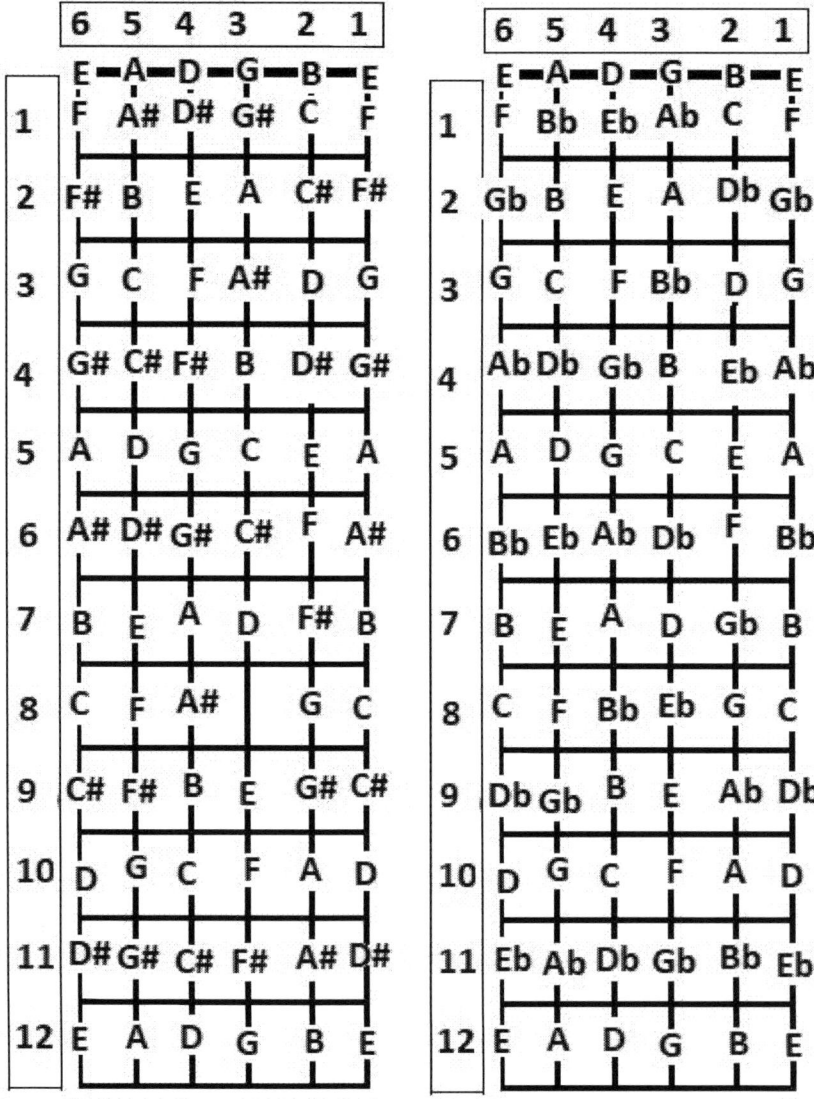

# Scales Charts

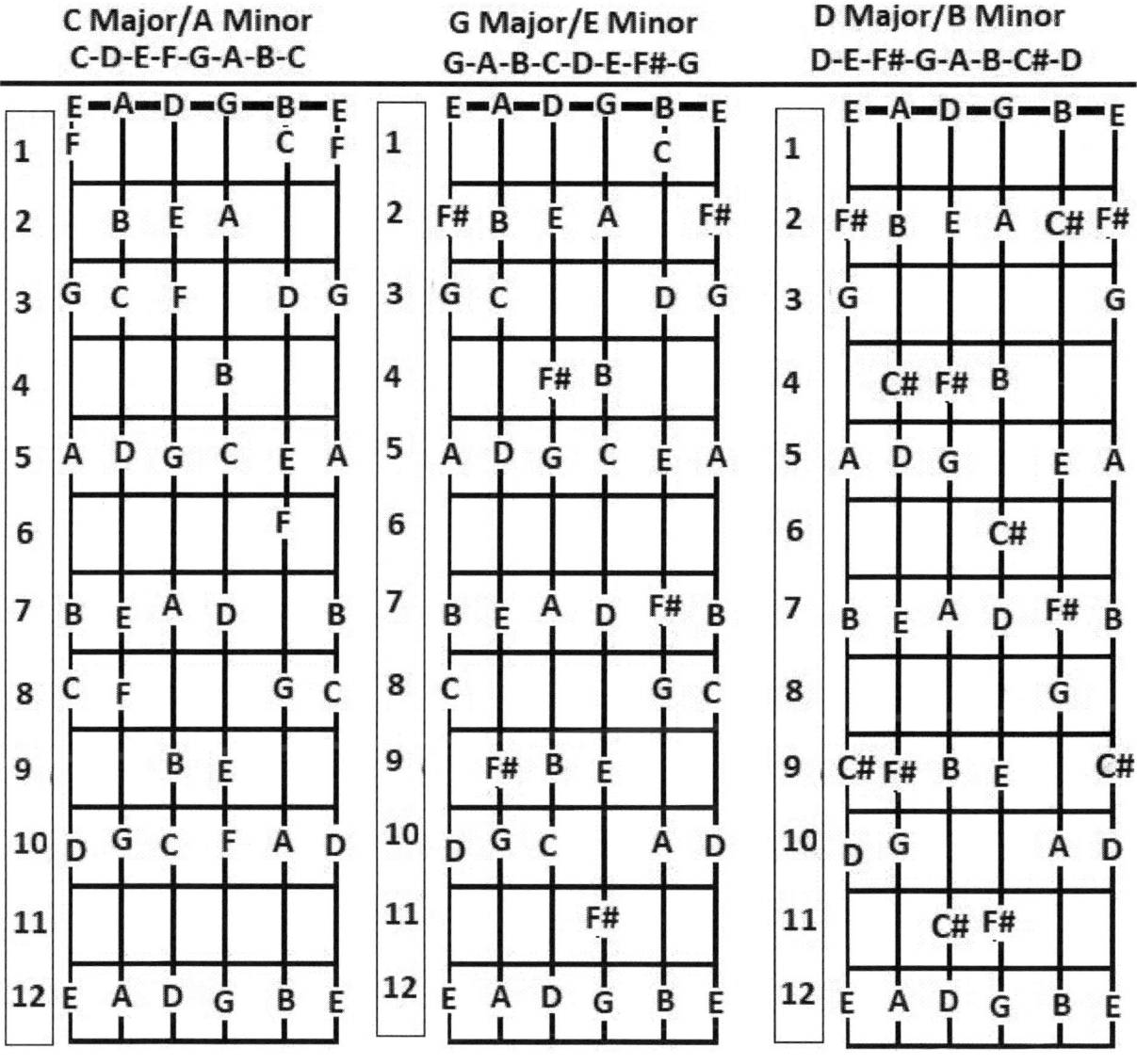

## A Major/F# Minor
### A-B-C#-D-E-F#-G#-A

## E Major/C# Minor
### E-F#-G#-A-B-C#-D#-E

## B Major/G# Minor
### B-C#-D#-E-F#-G#-A#-B

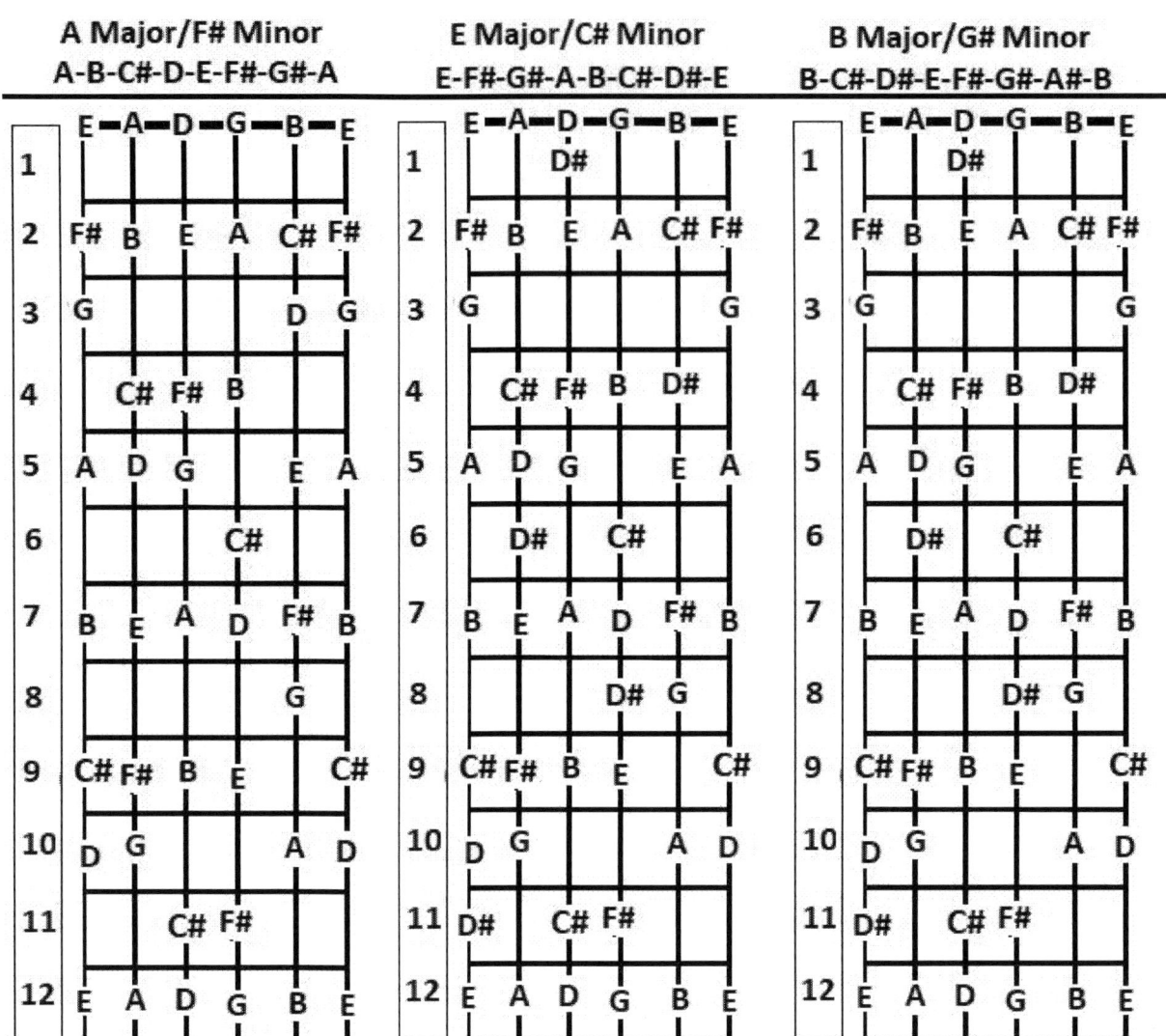

## Gb Major/Eb Minor
### Gb-Ab-Bb-Cb-Db-Eb-F

## Db Major/Bb Minor
### Db-Eb-F-Gb-Ab-Bb-C-Db

## Ab Major/F Minor
### Ab-Bb-C-Db-Eb-F-G-Ab

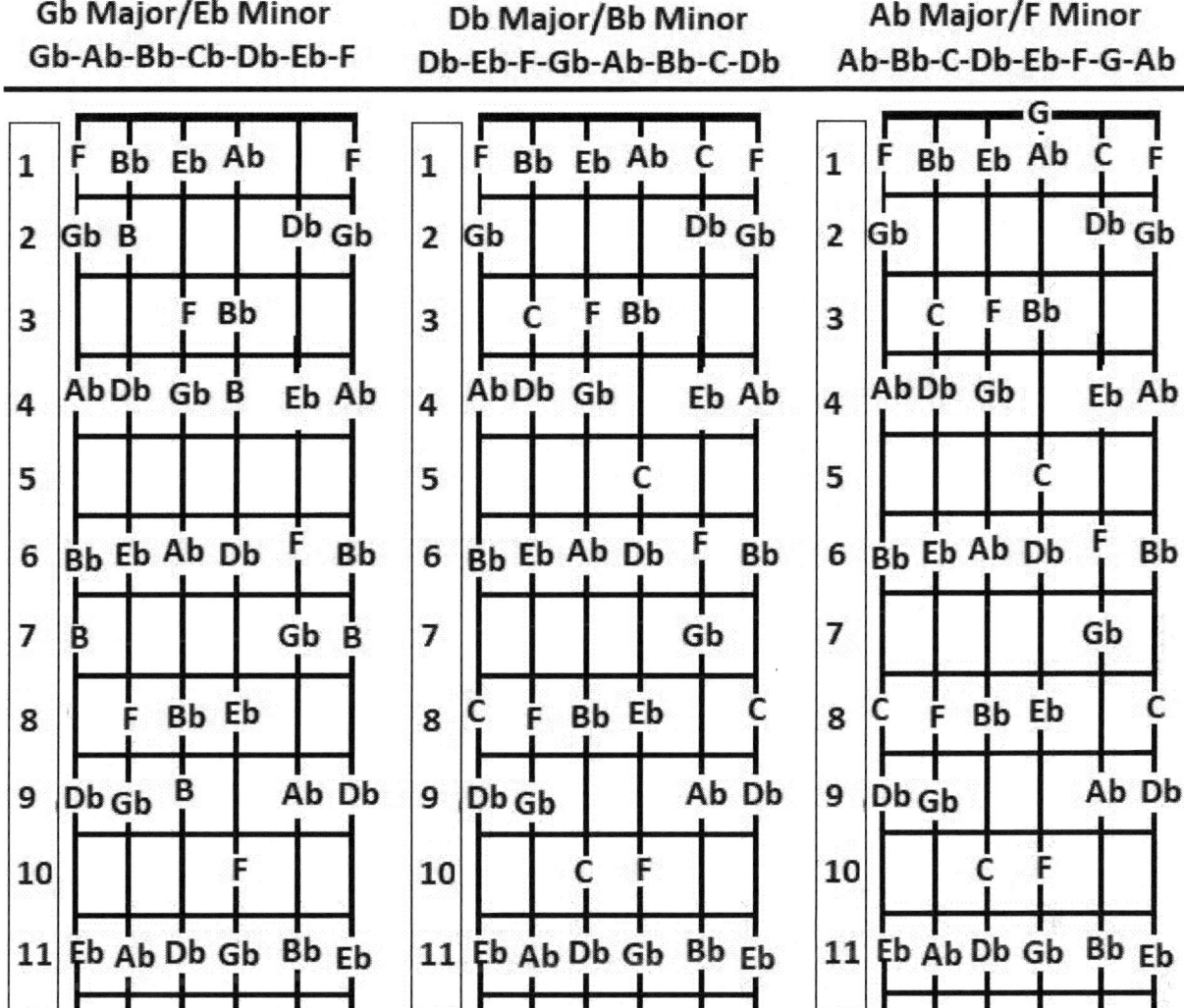

## Eb Major/C Minor
### Eb-F-G-Ab-Bb-C-D-Eb

## Bb Major/G Minor
### Bb-C-D-Eb-F-G-A-Bb

## F Major/D Minor
### F-G-A-Bb-C-D-E-F

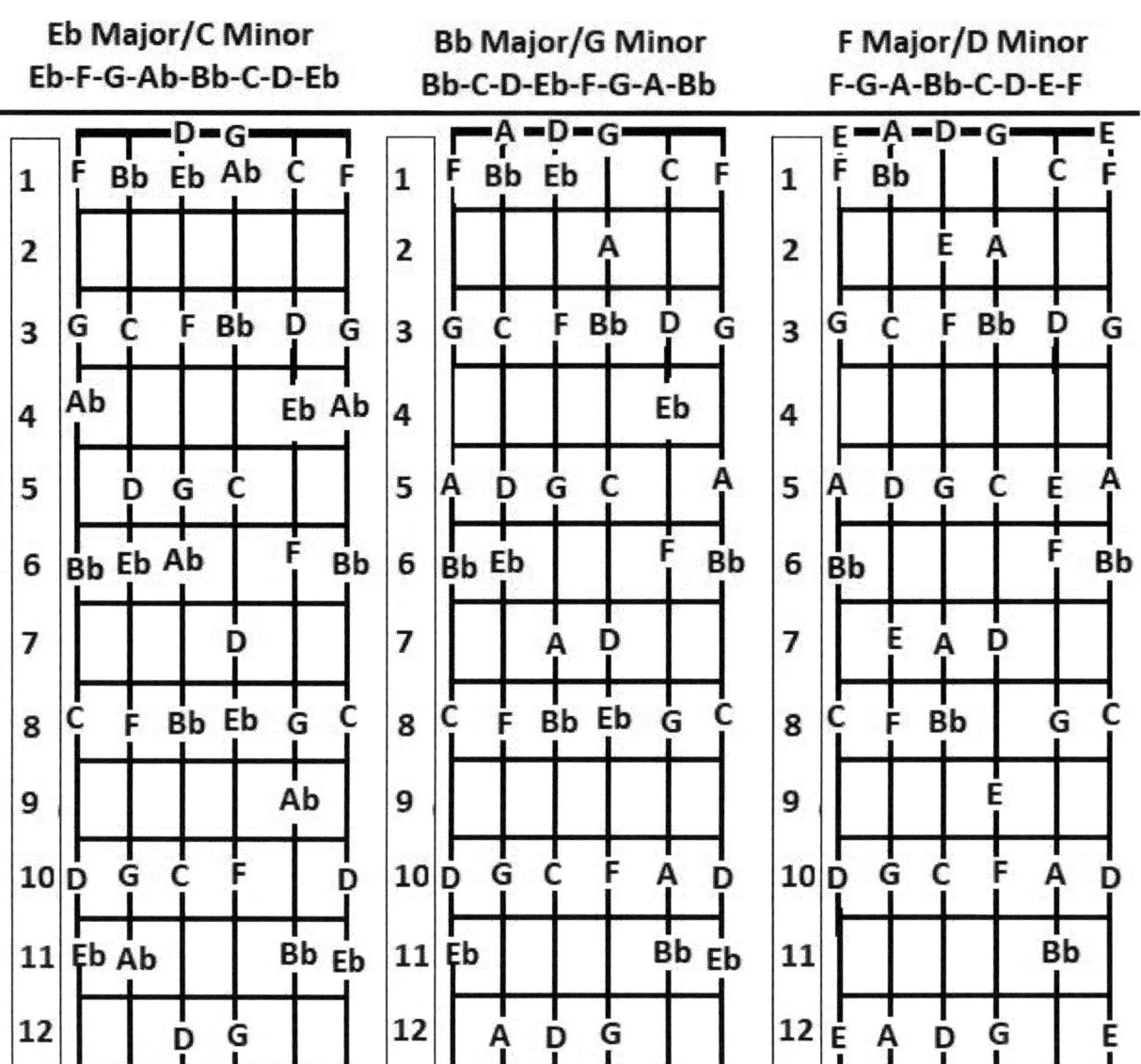

# Chord Charts

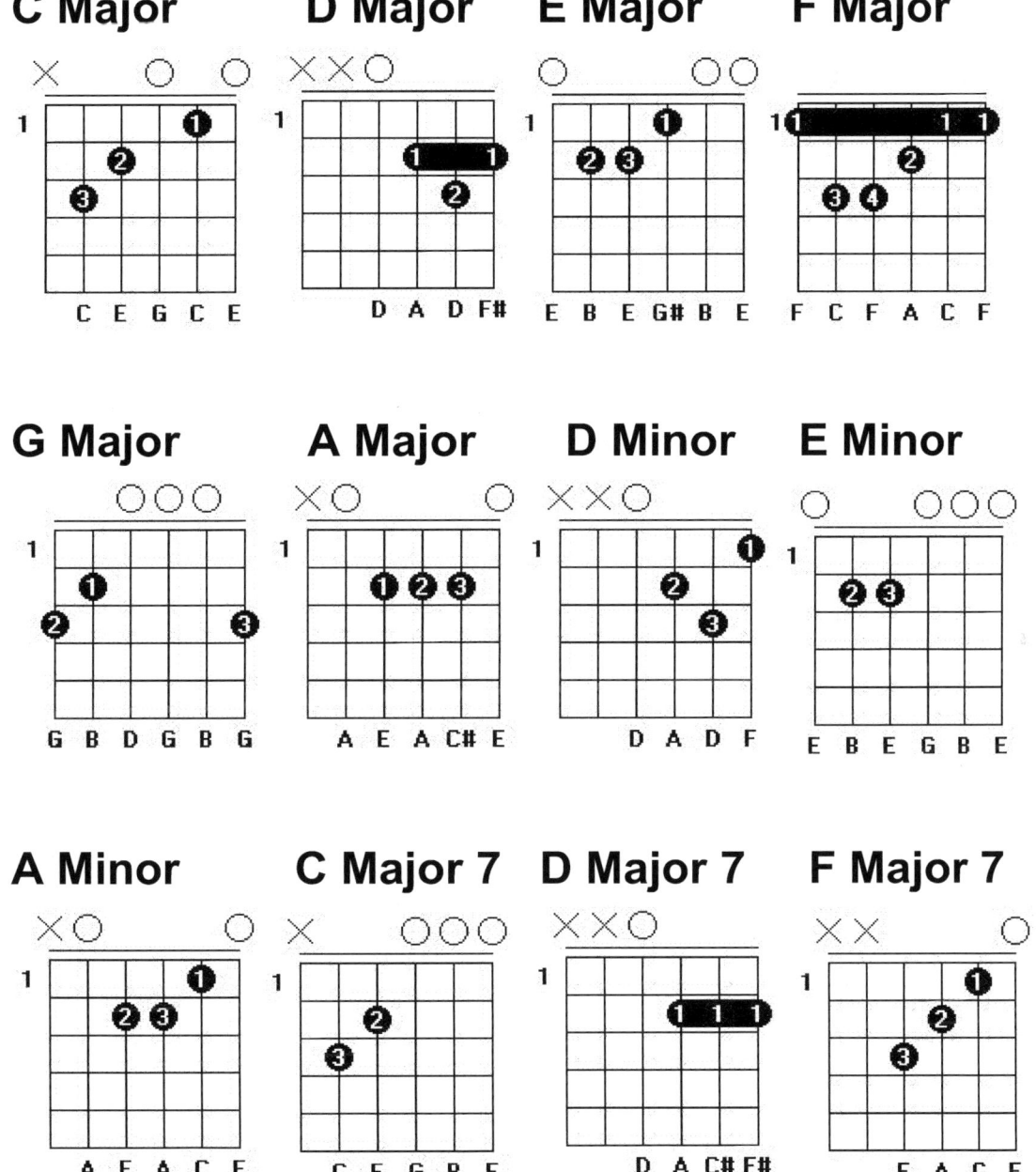

## G Major 7   A Major 7   C Dom 7   D Dom 7

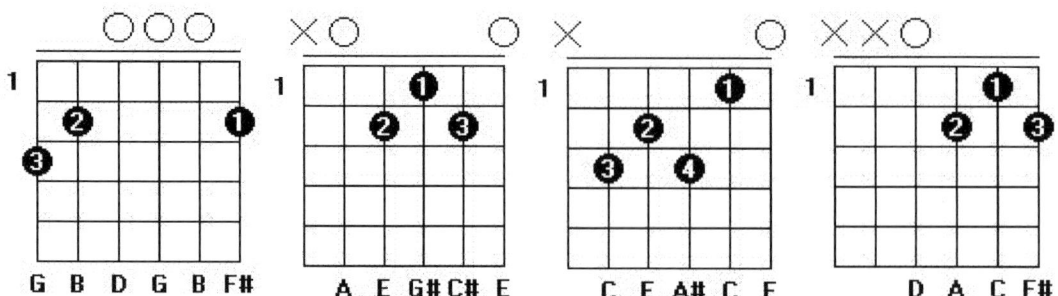

G B D G B F#   A E G# C# E   C E A# C E   D A C F#

## E Dom 7   F# Dom 7   G Dom 7   A Dom 7

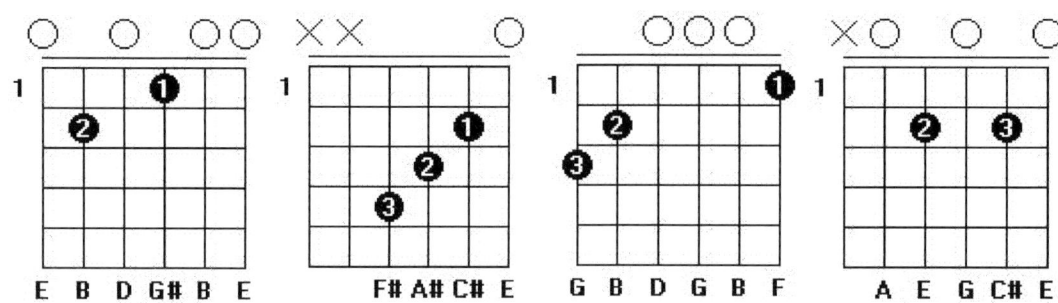

E B D G# B E   F# A# C# E   G B D G B F   A E G C# E

## B Dom 7   D Min 7   E Min 7   A Min 7

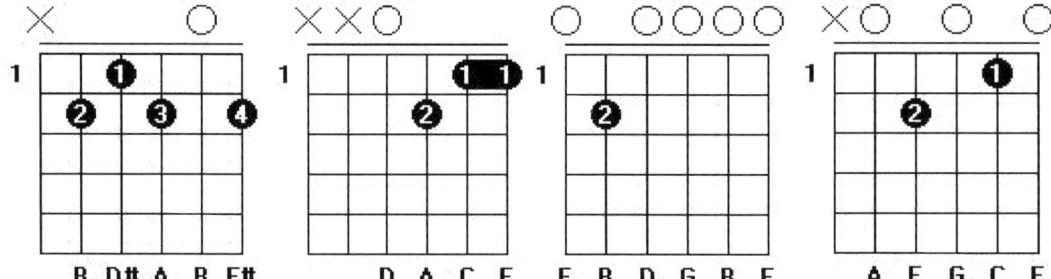

B D# A B F#   D A C F   E B D G B E   A E G C E

Made in the USA
Middletown, DE
22 November 2025

22528826R00077